¿QUÉ SON LOS PECES?

BOBI MARTIN

Britannica
Educational Publishing

IN ASSOCIATION WITH

ROSEN
EDUCATIONAL SERVICES

Published in 2017 by Britannica Educational Publishing (a trademark of Encyclopædia Britannica, Inc.) in association with The Rosen Publishing Group, Inc.
29 East 21st Street, New York, NY 10010

Distributed exclusively by Rosen Publishing.
To see additional Britannica Educational Publishing titles, go to rosenpublishing.com.

First Edition

Britannica Educational Publishing
J.E. Luebering: Executive Director, Core Editorial
Mary Rose McCudden: Editor, Britannica Student Encyclopedia

Rosen Publishing
Nathalie Beullens-Maoui: Editorial Director, Spanish
Ana María García: Editor, Spanish
Alberto Jiménez: Translator
Bernadette Davis: Editor, English
Nelson Sá: Art Director
Brian Garvey: Designer
Cindy Reiman: Photography Manager
Nicole DiMella: Photo Researcher

Library of Congress Cataloging-in-Publication Data

Names: Martin, Bobi.
Title: What are fish? / Bobi Martin.
Description: First edition. | New York : Britannica Educational Publishing,
  2017. | Series: Let's find out! Marine life | Includes bibliographical
  references and index.
Identifiers: LCCN 2016029698 | ISBN 9781508104582 (library bound : alk. paper)
Subjects: LCSH: Fishes--Juvenile literature.
Classification: LCC QL617.2 .M343 2017 | DDC 597--dc23
LC record available at https://lccn.loc.gov/2016029698

Manufactured in China

Photo credits: Cover, p. 1, interior pages background image Leonardo Gonzalez/Shutterstock.com; p. 4 bluehand/Shutterstock.com; p. 5 Peter Green/Ardea Photographics; p. 6 © Richard Carey/Fotolia; p. 7 © Bryan and Cherry Alexander; pp. 8, 11, 12, 15, 16 Encyclopædia Britannica, Inc.; p. 9 Frederic Pacorel/The Image Bank/Getty Images; p. 10 © Dr. Richard L. Pyle and Dr. Brian D. Greene, 2007; p. 13 © tsrapp/Fotolia; pp. 14–15 Michael Weberberger/imageBROKER/Getty Images; pp. 16–17 Stephen Frink/Corbis Documentary/Getty Images; p. 18 Wolfgang Poelzer/WaterFrame/Getty Images; p. 19 kerkla/E+/Getty Images; p. 20 Roland Kilcher/Moment/Getty Images; p. 21 © Razvan Ciuca/Moment/Getty Images; p. 22 AppStock/Shutterstock.com; p. 23 Stephanie Howard/Moment Mobile/Getty Images; p. 24 U.S. Coast Guard; p. 25 Michael Patrick O'Neill/Science Source; p. 26 Jeffrey M. Frank/Shutterstock.com; p. 27 Evangelos/Shutterstock.com; pp. 28–29 Stuart Westmorland/Corbis Documentary/Getty Images; p. 29 © StrangerView/Fotolia.

CONTENIDO

¡LOS PECES SON ASOMBROSOS!

Los peces son animales que viven en el agua. Los hay de muchos tamaños, formas y colores. Los gobios, que se encuentran entre los más pequeños, miden menos de 13 milímetros (media pulgada) de largo. El tiburón ballena es el más grande, ¡alcanza los 18 metros (59 pies) de

Los gobios son uno de los órdenes más numerosos. ¡Incluye más de 2,000 especies!

Los celacantos aparecieron en la Tierra hace unos 350 millones de años.

longitud! Algunos son de tonos lisos y otros, como el pez payaso y el pez león, lucen vistosos dibujos de colores. Hay peces que parecen plantas, rocas o serpientes, otros cambian de color y algunos brillan en la oscuridad.

Viven en casi todos los lugares donde hay agua, y constituyen una gran fuente de alimento para personas y animales. Son los vertebrados más antiguos que se conocen: llevan en la Tierra más de 450 millones de años. Hay más de 30,000 especies, o clases. ¡Y cada año se descubren otras nuevas especies!

VOCABULARIO

Los **vertebrados** son animales que tienen columna vertebral.

Hogar submarino

Los peces viven en lagos, ríos, mares y océanos de todo el mundo. Casi todos son de sangre fría, lo que significa que no pueden generar su propio calor. Su cuerpo está a la misma temperatura del agua que los rodea. Algunos viven en las cálidas aguas tropicales y otros en los gélidos mares polares.

Los peces tropicales, como este pez mariposa, prefieren las aguas cálidas.

Cuando están listos para reproducirse, los salmones regresan desde el mar hasta los ríos de agua dulce donde nacieron.

Hay peces en toda clase de aguas. Los marinos viven en el océano o sus cercanías, es decir, en agua salada. Los de agua dulce pueblan lagos, ríos o arroyos. Algunos, como ciertas especies de salmón y de esturión, viven casi siempre en agua salada, pero migran, o viajan, hasta ríos de agua dulce para reproducirse. Ningún pez puede vivir en aguas extremadamente saladas, como, por ejemplo, las del Gran Lago Salado, en Estados Unidos, o las del mar Muerto, en Oriente Medio.

CONSIDERA ESTO:

Los peces son animales de sangre fría. ¿En qué los beneficia esta característica?

7

¿Cómo respiran y nadan los peces?

Los peces respiran mediante unos órganos llamados *branquias* que les permiten extraer oxígeno del agua, del mismo modo que nosotros lo hacemos del aire. Algunos también tienen pulmones rudimentarios con los que respiran si deben pasar largo tiempo

Las branquias de un pez le permiten absorber el oxígeno que está en el agua.

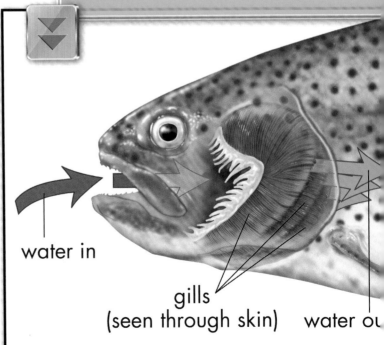

water in

gills
(seen through skin)   water ou

COMPARA Y CONTRASTA

La mayoría de los peces se sirve de las aletas pectorales para estabilizarse. Compara su forma de utilizarlas con la

¡Los peces voladores se lanzan al aire a una velocidad de hasta 35 millas por hora!

fuera del agua. El pez caminador, por ejemplo, es capaz de sobrevivir varios días en tierra cuando va de una poza medio seca a otra más llena.

Los peces nadan principalmente con movimientos laterales de cuerpo y cola. Utilizan las aletas para estabilizarse, virar y frenar. Algunos arrojan chorros de agua por las branquias que los impulsan hacia delante. Los peces voladores salen del agua mediante un salto y vuelan y planean gracias a sus amplias aletas pectorales.

¿QUÉ ASPECTO TIENEN LOS PECES?

El pez típico es más estrecho por la cabeza y la cola que por el medio, y lo único que sobresale de él son las aletas, si no las tiene pegadas al cuerpo. Su piel está recubierta por una fina capa de moco que le ayuda a nadar con rapidez. Su forma es tan adecuada para desplazarse por el agua que los barcos y los submarinos se han diseñado basándose en ella.

Casi todos los peces disponen de escamas solapadas, a la manera de las tejas de un tejado. Estas

Los peces de aletas radiadas se protegen de sus depredadores con sus aletas puntiagudas.

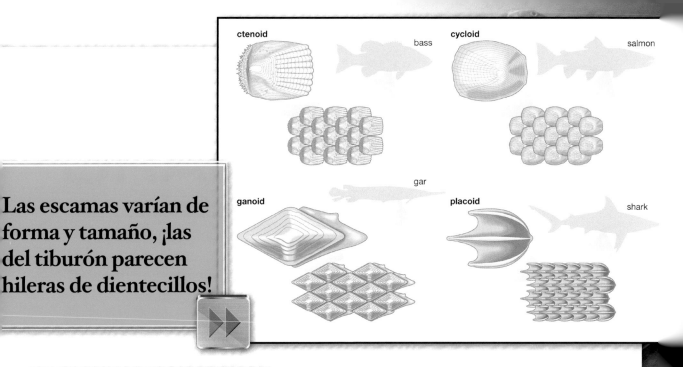

ctenoid

bass

cycloid

salmon

gar

ganoid

placoid

shark

Las escamas varían de forma y tamaño, ¡las del tiburón parecen hileras de dientecillos!

CONSIDERA ESTO:

Los peces tienen escamas que se solapan. ¿Cómo ayuda esto en su protección?

escamas no crecen como las uñas o el pelo humanos, pero si alguna se cae, una nueva ocupa su lugar. Mientras el pez crece, las escamas también, añadiendo arcos de nueva materia en los bordes. Un experto puede deducir la edad de un pez estudiando sus escamas. A diferencia de los seres humanos, la mayoría de los peces crecen durante toda la vida; los ejemplares viejos son a veces muy grandes.

PECES DE ASPECTO RARO

Algunos peces tienen formas poco corrientes. El caballito de mar presenta un hocico similar al de un caballo y una cola que se enrolla en los objetos. El dragón de mar foliáceo es un tipo de caballito de mar que parece una planta con hojas. La morena es larga y delgada, como las serpientes. El pez remo tiene el cuerpo como una cinta que alcanza

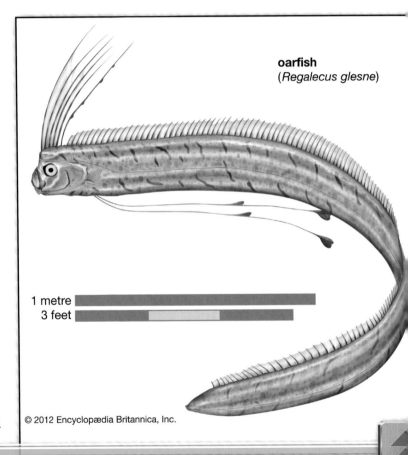

oarfish
(*Regalecus glesne*)

1 metre
3 feet

© 2012 Encyclopædia Britannica, Inc.

El pez remo parece delgado, ¡pero puede pesar hasta 270 kilos (600 libras)!

COMPARA Y CONTRASTA

Compara una morena con un pez remo. ¿En qué se distinguen?

en ocasiones ¡15 metros (50 pies) de largo! Sobre su dorso corre una larga aleta roja que acaba en una gran cresta en la cabeza.

El sigano, un pequeño pariente de los tiburones, tiene una cabeza y unos dientes que recuerdan a los de un conejo. El pez sapo presenta un cuerpo rechoncho con manchas que le viene bien para camuflarse en su entorno de esponjas y arrecifes de coral. Además, utiliza las aletas para andar bajo el agua. Algunos peces abisales, como el rape abisal o el pez hacha abisal, se han adaptado a su oscuro entorno, ¡con partes corporales que brillan!

El pez dragón de mar foliáceo se encuentra en el sur de Australia.

¡Tiburones!

Los tiburones son peces con un esqueleto de cartílago en vez de hueso. El cartílago les permite doblarse y girar, y, al ser más ligero que el hueso, los ayuda a nadar con rapidez. Hay más de 400 especies de tiburones. La mayoría son inteligentes y disponen de sentidos bien desarrollados. Muchos ven bien incluso en aguas

14

dwarf lantern shark
(*Etmopterus perryi*)

El tiburón linterna vive en la oscuridad. Con la luz de su barriga atrae a su presa.

turbias, y algunos solo necesitan el olfato para detectar sus presas. La mayoría de la gente les tiene miedo, pero solo unas pocas especies han atacado a los humanos. Algunos, como el tiburón limón, el tiburón mako y el tiburón azotador, se consideran buen alimento.

Se encuentran entre los seres vivos más antiguos. Viven en los océanos de todo el mundo, incluso en las gélidas aguas árticas y en los mares que rodean la Antártida. El mayor es el tiburón ballena, que a veces alcanza 18 metros (59 pies) de largo y 20 toneladas de peso. El menor es el tiburón linterna enano, cuya longitud es más o menos de 19 centímetros (7.5 pulgadas).

El tiburón cabeza de martillo raramente ataca a las personas. Su alimento preferido son las rayas.

¿QUÉ COMEN LOS PECES?

Casi todos comen otros peces más pequeños. Los pequeños consumen diminutas plantas acuáticas y unos organismos minúsculos llamados *plancton*. Los peces de agua dulce consumen algas, plantas, insectos, ranas y las larvas o los huevos de otros peces.

Los tiburones están en la cima de la cadena alimentaria oceánica. Además de peces, algunos comen focas,

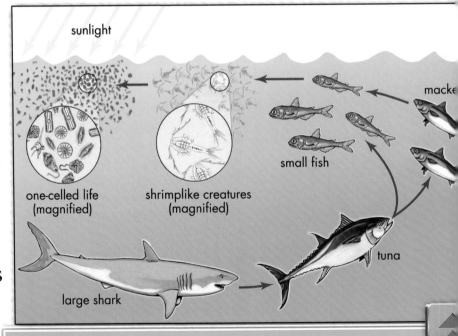

sunlight

one-celled life (magnified)

shrimplike creatures (magnified)

small fish

macke

tuna

large shark

Casi todo lo que se encuentra en el océano es parte de una cadena alimentaria.

Como los tiburones, las rayas tienen cartílagos en lugar de huesos. Esto los ayuda a ser más flexibles.

delfines, calamares y hasta tortugas marinas. Los peces de menor tamaño se alimentan de moluscos (incluyendo pulpos, camarones, almejas y calamares), estrellas de mar y otros organismos de aguas superficiales o profundas. Los que viven en las profundidades no pueden ser exigentes: allí no hay luz ni vida vegetal. Se alimentan de otros animales de aguas profundas o de las sobras que caen.

CONSIDERA ESTO:

Las diferentes clases de peces comen cosas muy distintas. ¿A qué crees que se debe?

EL CICLO VITAL DEL PEZ

Todos los peces salen de huevos. Normalmente, las hembras dejan óvulos en el agua y los machos los fertilizan segregando esperma. Pasado un tiempo, la larva sale del huevo y enseguida desarrolla un esqueleto, espinas y escamas. Muchos huevos y larvas sirven de alimento a

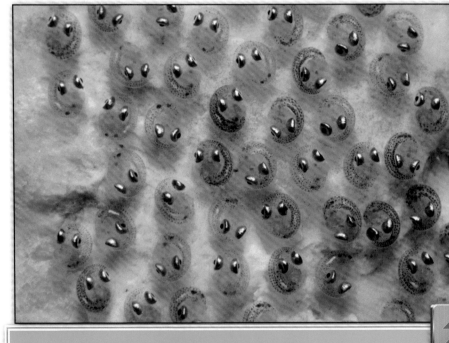

La mayoría de los huevos son transparentes. La yema alimenta a las larvas después de que salen del huevo.

La olomina hembra puede dar a luz hasta a 60 crías de una vez.

otros peces, por lo que algunos tratan de proteger a sus futuras crías escondiéndolas, aunque la mayoría no protege ni huevos ni larvas. Para aumentar la posibilidad de que algunos sobrevivan, la hembra pone cientos, miles o incluso millones de óvulos a la vez. Algunas veces la fertilización y consiguiente eclosión (rotura del huevo) se realizan en el cuerpo de la hembra, por lo que las crías salen directamente de ella. Las olominas, algunos tiburones y las mojarras vivíparas dan a luz a jóvenes crías que enseguida se convierten en adultos listos para procrear.

VOCABULARIO
Procrear es producir crías para perpetuar la especie. La mayoría de los peces procrean dejando en el agua óvulos y esperma.

¿POR QUÉ NECESITAMOS PECES?

Los peces sirven de alimento a muchos animales. Son parte de la dieta de osos, focas y numerosos pájaros. También son una fuente de alimento para los humanos. La gente de todo el mundo consume muy diversos tipos de pescado, como bacalao, arenque y atún.

Además, son muy importantes en muchos

Los peces son parte de la dieta de muchos osos.

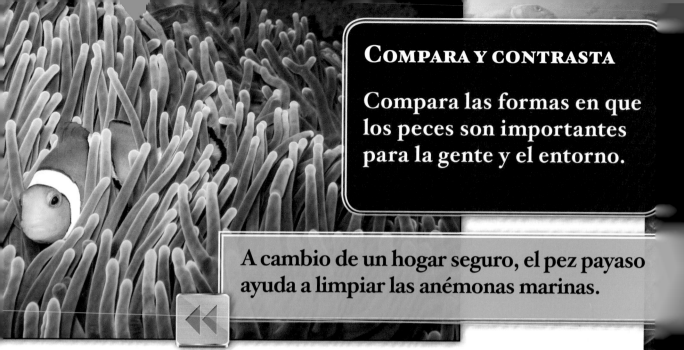

COMPARA Y CONTRASTA

Compara las formas en que los peces son importantes para la gente y el entorno.

A cambio de un hogar seguro, el pez payaso ayuda a limpiar las anémonas marinas.

ecosistemas. Los gobios, por ejemplo, comen las algas que acabarían con los arrecifes de coral. Los peces ayudan a controlar enfermedades como la malaria, la fiebre amarilla y el zika, ya que consumen las larvas de ciertos mosquitos. Con sus productos de desecho, proporcionan nutrientes para las plantas. Todo esto ayuda a mantener el equilibrio de los ecosistemas. Por si fuera poco, ciertos peces se utilizan en estudios médicos para obtener productos con los que algún día se podrán tratar o curar patologías tan serias como ciertas enfermedades cardiovasculares, cánceres de piel o distrofias musculares.

Peces mascota

Los ictiólogos no son los únicos que disfrutan contemplando peces, ya que estos son de las mascotas más populares. El pez dorado, el gobio y el pez gallo son fáciles de cuidar y divertidos de mirar. Los kois, un tipo de carpa, son de múltiples colores y suelen verse en los estanques de parques y jardines. El acuario casero, un depósito especial de vidrio capaz de albergar varios tipos de peces, puede contener desde 3.8 litros (un galón) de agua ¡hasta

Vocabulario
Los **ictiólogos** son científicos que estudian los peces.

Los kois pueden ser de un solo color o tener hasta 3 colores.

más de 380 litros (100 galones)!

Los acuarios públicos nos permiten aprender de los peces y sus hábitats. Casi todos contienen muchos tipos de especies distintas, de diferentes partes del mundo. Algunos disponen de túneles sumergidos transparentes que permiten verlos nadar por encima y alrededor. En muchos acuarios hay también depósitos pequeños que permiten al público tocar algunos tipos de peces.

Algunos acuarios son tan grandes que pueden albergar a un tiburón ballena y a muchos otros peces.

Principales amenazas para los peces

La actividad humana puede causar daños irreversibles en las poblaciones piscícolas. Los embalses disminuyen la corriente fluvial e impiden que ciertas especies naden río arriba para reproducirse. Los humedales se rellenan de tierra para construir edificios. En ocasiones, se sueltan peces en zonas donde no han vivido antes, y si allí carecen de enemigos naturales, se multiplican con rapidez y acaban con las especies autóctonas.

La basura en arroyos, ríos, lagos, mares y océanos

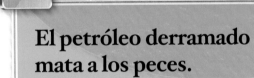

El petróleo derramado mata a los peces.

constituye también una amenaza. Las fábricas y las ciudades suelen vertir sustancias químicas, petróleo y productos tóxicos. El calentamiento global está aumentando la temperatura del agua de la Tierra, perjudicando algunas plantas y otros organismos que sirven de alimento a los peces. Las sequías vacían pozas, arroyos y lagunas que cobijaban especies piscícolas. Otro problema es la sobrepesca, ya que cuando se capturan demasiados peces de la misma especie, esta acaba por extinguirse.

CONSIDERA ESTO:

¿Qué amenazas para los peces provoca la gente? ¿Existen amenazas naturales?

Las bolsas plásticas y las líneas de pesca matan peces y dañan la cadena alimentaria.

¿Cómo podemos ayudar a los peces?

Podemos ayudarlos dejando de hacer embalses y eliminando los que ya no se necesiten. En ciertas zonas se han construido escaleras de peces para que estos crucen los embalses y consigan reproducirse. También es necesario proteger los humedales. Además, en muchas partes se trabaja para impedir que la gente eche peces en lugares a los que no pertenecen.

Vocabulario

La **escalera** de peces consiste en un canal escalonado.

Las escaleras de peces permiten que los salmones lleguen a los lugares donde desovan.

Algunos piscicultores crían especies en peligro para devolverlas a su hábitat.

La piscicultura ayuda a prevenir la sobrepesca de ciertas especies. Algunos tipos de peces, como las truchas, se crían bien en cautiverio. Una vez que salen del huevo, crecen en depósitos o estanques. Después, se venden como alimento.

Prevenir los derrames de petróleo y otras formas de contaminación contribuirá a mantener la salud de los peces marinos. Algunos países realizan esfuerzos para acabar con el calentamiento global, lo que impedirá que nuestros ríos y mares sean demasiado cálidos para ellos.

El maravilloso mundo de los peces

Aunque los peces sean los vertebrados más antiguos que se conocen, todavía nos queda mucho por aprender sobre ellos. Cada año se descubren especies nuevas, y algunos, como el diminuto pez mandarín, son una belleza, aunque otros, como las pirañas y los demonios marinos, no tanto. Los peces viven en arroyos, ríos, pozas o incluso cuevas subterráneas,

COMPARA Y CONTRASTA

Compara la forma de vivir de los peces con la nuestra.

en aguas soleadas o en profundidades oceánicas donde nunca llega la luz.

Algunos forman grupos, llamados *bancos*, para protegerse de los depredadores. Otros, como la morena, prefieren estar solos. Sea cual sea su aspecto y vivan donde vivan, los peces son parte de la Tierra y necesitan nuestra protección.

El pez mandarín es uno de los más coloridos del océano.

Glosario

acuario Depósito de agua que contiene animales o plantas acuáticos vivos.

anémona de mar Animal marino sin huesos semejante a una flor y con tentáculos de colores vivos.

calentamiento global Aumento de la temperatura de la atmósfera y de los océanos.

depredador Animal que caza otros animales para vivir.

distrofia muscular Enfermedad hereditaria que provoca la debilidad progresiva de los músculos.

ecosistema Comunidad de seres vivos que interactúan entre sí y con el entorno.

especie Clase de cosas del mismo tipo que recibe un nombre específico.

fertilizar Provocar el crecimiento, como ocurre cuando el esperma alcanza el óvulo.

humedales Terreno de aguas superficiales; por ejemplo, marismas o ciénagas.

larva Animal en estado de desarrollo que no guarda ningún parecido con los padres.

malaria Enfermedad que se transmite de una persona a otra a través de la picadura de un mosquito.

migrar Trasladarse de un lugar a otro o de una región a otra.

piscícola Perteneciente o relativo a la piscicultura o a los peces.

plancton Pequeños animales y plantas que flotan o nadan débilmente en una masa de agua.

reproducirse Hacer nuevos individuos del mismo tipo. Procrear.

sangre fría, animal de Animal que no regula su temperatura corporal.

sequía Largo período de tiempo seco.

tropical Zona muy cálida y húmeda.

Para más información

Libros

De la Bédoyère, Camilla. *My Little Book of Ocean Life*. New York, NY: Scholastic, 2014.

Hamilton, Lynn, and Katie Gillespie. *Caring for My Pet Fish*. New York, NY: AV2 by Weigl, 2015.

Marsico, Katie. *Sharks*. New York, NY: Children's Press, 2012.

Rizzo, Johnna. *Ocean Animals: Who's Who in the Deep Blue*. Washington, DC: National Geographic, 2016.

Taylor-Butler, Christine. *Fish*. New York, NY: Scholastic, 2013.

Sitios web

Debido a la naturaleza cambiante de los enlaces de internet, Rosen Publishing ha desarrollado una lista en línea de sitios web relacionados con el tema de este libro. Este sitio se actualiza regularmente. Utiliza el siguiente enlace para acceder a la lista:

http://www.rosenlinks.com/LFO/fish

ÍNDICE